文芸社セレクション

私のクライストチャーチ

大田 うたひ

OTA Utahi

文芸社

目次

この世の幸せ

私はこのクライストチャーチという、日本から見れば地球のすみっこの、ニュージーランドという国の、さらに南の街に16年住んでいる。（２０１０年）

16年という年月は決して短くはなく、その間に二度結婚し、二度離婚した。さまざまなことがあった。

私は朝、バスで一人娘を学校まで送っていく。

バスで大通りに出る手前には大きな牧場があり、そこでは馬や牛が草を食んでいるのが見える。

時おりプケコという、何かこっけいな名のニュージーランドの鳥が歩いているのが見える。大きさは背の高いニワトリぐらい、長くて細いくちばしと足が赤、体は深い青、羽は黒いこの鳥は、ニュージーランドを代表する鳥の一つで、あの有名なＫＩＷＩバード同様、飛ぶことを忘れてしまった鳥だ。

バスが大通りに出る。

晴れた空のむこうに、冬には雪をかぶって白く輝く山々が見える。

バスの中で娘となぞなぞをしたりしながら15分ほど行くと、バスを降りる。

学校までは車の多い大通り沿いを行かず、静かな裏通りを手をつないで歩く。

裏通りといっても大通りから1ブロック内側の閑静な住宅地で、よく手入れされたそれぞれの家の庭の、季節ごとに変わる花々を愛でながら歩く。

娘は学校のこと、友達のこと先生のこと、とりとめもなくお喋りしながら学校までの道を歩いていく。


冬は長く、天気の悪い日が多い。

吐く息も白い冬の日は、バスを待つ時間もひときわ長く思われる。

そんな中でも娘は歌を歌ったり、飛び回ったりしている。


春、日本では9月の初めになるけれど、あちこちで桜が花開く。娘は自分でつくった「さくらの歌」を歌う。

本当は日本の桜の歌を教えてあげたかったのだけど、私自身〝さーくらー、さーくらー〟の後を覚えていない。

だから娘のつくった「さくらの歌」は〝さくら〟だけが日本語であとは適当な、意味をなさない歌詞で出来ている。

夏の真っ青な空の下、洗濯物を干す。娘の、赤やピンクや黄色の小さな衣類が風にはためく。時おりうちの家の真上を飛行機が通り行き、真っ白な飛行機雲が青い空を一直線に横切って行く。子供の頃、飛行機が空に見える度に手を振った。あのときと同じ、今も飛行機に向かって手を振る。

雲のない夜、天の川がうちの家の真上を流れる。オリオン座や白鳥座、日本からは見えない南十字星が、真っ黒な天空に輝く。月も、日本で見たものよりずっと、大きく明るく見える。

娘がまだ赤ちゃんの時に、桜の苗木を買って庭に植えた。どういうわけか、やがて木の根もとからまるで赤ちゃんが生まれたようにもう1本の小さな木が生えて、母木と抱き合うようにして育っている。9月の末には満開になる。八重の美しい桜だ。

庭に時々、鳥たちが遊びにくる。

雀たちはもちろんだが、カモがやってきたり、マグパイという白黒の、カラスの仲間が現れる。このマグパイたちは同じメンバーなのだろう、決まって3羽でやってきた。

まさしく3羽ガラスだ。

庭の端に小さな水溜まりほどの池をつくった時にはブラックバードという鳥がよく水浴びに来ていた。私たちはこっそり観察していたが、どうやら彼らも見られているのを知っているらしかった。こっちを向いてポーズをとったりする。


夕方、晩ごはんの支度をしている時、娘は庭のブランコに乗って大きな声で歌ったり、何事かを大きな声でしゃべっているようだった。

「何を1人で話していたの？」

と聞くと、この町内の人々にいかに神様が素晴らしいかを語っていたという。クリスチャン学校の影響だ。

娘は食いしん坊で、食事の最中にもうデザートが気にかかって仕方がない。

「デザートは何？」

「○○よ」

「その後は？」

こんな調子である。

一般的にニュージーランドでは赤ちゃんの時から自分の部屋をもっている。

娘にももちろん自分の部屋があるけれど、娘はいつも私のベッドで眠る。

寝る前には必ず2人で作った歌を歌う。時々別な歌も歌う。

娘が私に歌ってほしいとねだるのは、日本語では「こんにちは赤ちゃん」で、これは娘が赤ちゃんだった頃から歌って聞かせている。英語のは「You are my sunshine」だ。娘は私の声は素晴らしいといつも誉めてくれる。日本にいた頃のカラオケ三昧のおかげだろうか。


今夜も夜空は澄んでいる。

屋根の上を天の川が流れる。

明日もきっと晴れるだろう。


幸せとは生きることだ。

What a wonderful world.

私のクライストチャーチ・1

その頃私は街に住んでいて、日本食レストランで働いていた。大聖堂を中心としたビジネス街、繁華街を地元では〝街〟と呼ぶ。私はそのレストランから歩いて15分もかからない古いフラットの、穴ぐらのような部屋を借りて住んでいた。エイボン川沿いの、高いポプラの並木道を歩きながら毎日通った。エイボン川の土手にはカモがたくさんいて、いつもエサを誰かがあげるのだろう、人が来ると集まってきて、少し緊張しながらもクワックワッと食べ物をねだる。

秋になればポプラの並木は黄色く色付き、春には青い若葉が風にそよいだ。ある初夏の夕暮れ、並木道を歩いていたら、日本人の熟年カップルが、エイボン川を見ながらたたずんでいた。妻のほうが歌を歌っていた。

〝遠き 山に 陽は落ちて〟

空は澄み、風は優しく、私の心は、泉のように、穏やかに清められたような気がした。そしてマンチェスター通りに出る。そこから大聖堂までは道を挟んだ向こうの通りにある。街はたいていそうだが、マンチェスター通りもホテル以外は高いビルはほとんどなくて、平屋か2階、高くても4階程度だ。

　肉屋があり、八百屋があり、そのあたりから大聖堂の尖塔が見え始める。通り沿いに並んだ建物の屋根の上から、私の大好きな大聖堂の、あの緑青色の、小さな尖塔が、ひょっこりと覗いている。私はそれを見ながら毎日通ったのだ。


　レストランはマンチェスター通りにある。この通りは地元では有名な通りで、夜になると、時には昼間でも女性たちが辻ごとに立っている。体を張った商売をする〝夜の女たち〟だ。

　レストランには観光客だけでなく地元の人も多く来た。中でも私達がこっそり〝黒い人〟と名付けた人物がいた。その人は黒人ではなく、白人だ。彼は黒い髪を肩まで伸ばしていて、いつも黒い服に黒いジーンズ、黒い靴を履いていた。もちろんいつも同じ服を着ているわけではないのだが、その人はいつも黒ずくめだった。だけど暗いイメージではなく、いつも爽やかに笑っていたように思う。

　レストランのお客ではないけれど、私が勝手に〝ピンキー〟と呼んでいた女の子がいた。髪の毛がピンクなのだ。

　その髪を右と左に分けて束ねてピンクのリボンをつけていた。一体何の仕事をしているのだろう、いつも妖精のような格好をしていて、何度か作り物の羽を背中に着けているのを見たことがある。ピンキーを見かけた日は、何かいいことがあるような気がしてうきうきしたものだ。その頃のクライストチャーチは裏道や抜け道があちこちにあって、大通りを歩かずにわざと裏道を探して歩いた。ここからこの道を抜けるとこんなところに出るんだ、と新しい発見をしながら。

私の記憶の中にはいつもあの頃の私のクライストチャーチがあって、あの建物の屋根越しに見える大聖堂の尖塔が青空の下で輝いている。

私のクライストチャーチ・2

それは２０１０年9月に始まった。

9月４日にマグニチュード７・１の地震がクライストチャーチを襲った。

しかしその時は建物へのダメージはあったものの、奇跡的に地震による犠牲者はなかった。

それからも余震は何度も続き、既に1万回を超え、相変わらず家屋のダメージはあったが、人々はやがて地震にも慣れていき、「いつも揺れてるからコーヒーを淹れてもかき回さなくていいよね」なんてジョークもいわれた。

だけどその頃から私は、夜電気を消して眠ることが出来なかった。

翌２０１１年、2月22日、マグニチュード６・３の地震が発生、１棟のビルが倒壊、この地震で計１８５人が犠牲になった。

中でも倒壊したビルには英語スクールがあり、通っていた多くのアジア人、特に日本の若い学生達が28人も犠牲になってしまった。

世界のあらゆる国から支援は届き、救急隊も多くやって来て街を復興させる道を探った。が、約2週間後、多くの援助隊は別の場所に行かなくてはならなくなった。

未曾有の地震が日本を襲ったのだ。


そしてそのとき既に、クライストチャーチ自体が荒廃していた。

目の前に瓦礫の山が、屋根を失った家屋や、殆どがなぎ倒されてしまった教会の墓石。

形あるものは皆壊れる、そう思うしかなかった。


2011年2月の地震で、私が暮らした18年の想い出深いクライストチャーチが永遠に失くなってしまった。

あの店や町並み、建物の谷間の裏道を、靴音を鳴らして歩いた街。


大聖堂の裏側の、4、5階建ての古いビルにいつだったか通っていたことがある。

私の用事はビルの2階にあったのだけど、階段を使わず必ずエレベーターに乗った。

その理由は、このビルはとても古くて、エレベーターが、白黒の映画に出てくる手動ドア式になっていたからである。

まず、ボタンを押して1階に止まったのを確かめてから、重い金属のドアを横に開く。そして内側にある折りたたみの柵を開けて入り、今度は柵を閉め、ドアを閉めてから行き先の階のボタンを押す。

私はこれが楽しくていつも使っていた。

古い時代に迷い込んだようで、とても不思議な気持ちになった。

日本食レストランで働いていた頃、午後3時頃から5時頃まで休憩時間があった。そんな時間にレストランを開けていてもお客も来ないので、その間は閉店していたのだ。

当時そのレストランから歩いて10分ほどのフラットに住んでいたので、そこに帰ることもできたのだけど、大抵は図書館やホテルのロビーで時間を過ごした。

特にホテルのロビーというのはそのホテルの良し悪しが見て取れると思う。

居心地の良いロビーもあれば、監視されているようでなんだか落ち着かないようなところもある。

私が最も好んだのはMというホテルのロビーだった。

かつてアメリカの大統領や某ハリウッド俳優なども投宿したことがあるホテルだ。

ここのロビーで、宿泊客でもないのに偉そうにソファに沈み込んで新聞を読む。

それでもやっぱりタダで座っているのも気が引ける。飲み物でも頼んだほうがいいだろう。

その日は木枯らしの吹く肌寒い日だったので、温かいミルクが飲みたかった。

そこで、カウンターにたたずむ、品よく髪をまとめた従業員にそう頼んだ。

彼女ははじめ、「?」というような顔をして、

「ホットミルクですか?」

と聞き返してきた。

自分の発音のまずさに少し恥じ入りながら、そうです、と返事をして値段を聞くと、

「ミルクは無料ですよ」

そういってにっこりと微笑んだ。

後でメニューを見たらミルクというのはなかった。

あくまでもコーヒーにつくサービス品なのだ。

お金も払わずに居心地の良いソファを陣取って無料の新聞を読んだ挙句、ホットミルクまでサービスしてもらった。

私はこの街をあちこち歩くのが好きだった。

裏道や抜け道、ちょっと不気味なアンティークショップの並ぶ通り、クライストチャーチの忍者と称するニュージーランド人がやっている武術店、学校の仲間とよく行った追憶の橋の近くのパブ、ビートルズの大ファンの経営するそれこそビートルズだらけのステーキハウス、ミラノの市街地図を買った街で唯一の地図専門店。

ひとつひとつ想い出すと
心の中に　号泣するほどの
悲しみが　押し寄せてくる
もう二度と見ることのない
私のクライストチャーチ

徒然なる日常

私の住んでいる区域は、クライストチャーチ市の北、牧草地帯も多く残っている、町はずれだ。

治安はよくもなし、悪くもなし。

クライストチャーチは貧富の差が激しくて、お金持ち地区と貧乏地区があって、あとはそこそこという感じだ。

うちの向かいにはシングルマザーらしきドナと、もう独立してもいいだろう、20歳前後の息子が2、3人いる。

2、3人というのは、私はドナとほとんど口をきいたことがないし、息子たちもちゃんとは見たことがないからだ。

息子たちは、なんだかいつもガレージで、車を修理しているんだか、解体しているんだか、ぎゅううん、がしんがしんと大きな金属音をとどろかせている。

うちの娘がまだ幼稚園ぐらいのときには、ドナの娘が学校に通うのを見かけた。その頃のドナは、まさに怖い母ちゃんというイメージで、近所中に響き渡る大きな声で息子たちをののしり、息子たちもまた大きな声で言い返していた。

うちの隣に住むウェンディとドナは微妙な関係で、道を挟んでなじりあっていたかと思うと、時には和やかに話をしていることもあった。

もちろん道を挟んで。

ウェンディがいつの間にかいなくなってパワーがなくなったのか、ドナと息子たちが外で喧嘩することはなくなったが、息子たちのガレージでの謎の作業は相変わらずうるさく、時に友達なのか何なのか、ものすごい轟音を立てる改造車が、近所中にその音を響かせながら、20分ほども停車していることがある。

ウェンディが住んでいた平屋建ての住居は、２棟に分かれていて、道路側がウェンディ、奥の家は数ヶ月単位で住人が変わった。

はっきりと見てはいないけど、若い女性と子供、そして夫だかパートナー。

サモア系の人なんだろう、よく南国っぽい陽気な音楽を、大音量で、外でかけている。

前回そこに住んでいたのも、やはり若いカップルと小さな子供だった。

２棟の家はいわゆる公団で、市が安く提供している。

奥の家は、妻子のいる保釈中の若者のための住居らしい、ということを最近知った。ウェンディが住んでいたところに、今誰が入居しているのか知らないけれどドアに向かう禿げ頭の後ろ姿を塀越しに見たことがある。

窓の軒下には、クリスマスの飾り付けのような赤と青の2メートルばかりの電飾が灯されている。

しかもきちんとすれば窓の端から端まで届くだろうに、わざとなのか、窓の途中から電飾は取り付けられていて、30センチほど余ったそれが、だらりと情けなく垂れ下がっていた。

静かな星の夜、外に出てみると、侘しく灯った電飾がかえって陰気さを醸し出していた。だけどそれは、見るたびに私に怪しい妄想を抱かせ、

〝あれは麻薬売買のサイン？　もしくは売春組織に絡んでいるのでは？〟

と、それはそれで私を楽しませてくれる。

隣の奥の家では、今日も怒鳴ってるんだか、ただしゃべっているんだか大きな声が聞こえ、ドナの息子たちは今日も何かを解体する。

どこからかは芝刈り機のエンジン音。

私はといえば、そんな雑音など意に介せず、スズメにパンくずをやってみたり、小さな畑にじゃがいもを植えたり、それなりの日々を送っている。

私の周りの、平和な日常を感じながら。

私のクライストチャーチ・3

アンティークショップに行くのが趣味だったことがある。

その頃、ハイストリートという短い通りがあって、古物商、古着屋、小道具屋というような、かっこよく言えば〝アンティークショップ〟が並んでいた。

私が好んだ〝アンティークショップ〟は、まるでお化け屋敷のように、小部屋に区分けされ、遠い昔に誰かの手で編まれたレースのカバーのかかった古いベッド、まるで四方から私を責めるかのように睨みつける肖像画たち、ムードを盛り上げるためなのか、作り物の骸骨が横たわる棺桶などが配置されいて、店をぐるりと1周するだけでとても楽しめた。

日本食レストランで一緒に働いていた女の子たちと、誰が一番おしゃれな古着を見つけたかと競い合っていたこともあった。

ニュージーランド空港の名の書かれた古いかばんを、私たちはシャネルやヴィトンよりも誇っていた。

今では〝寿司〟といえば世界で通用する日本食だけれど、私がニュージーランドに来た頃はまだあまり知られておらず、日本食レストランは街にまだ3、4軒しかなかった。

その頃、私たちは醤油に憧れた。

当時は醤油なんて売っている店もほとんどなかったし、あっても学生の私たちには手が届かないほど高価で、アジア食品店で見つけた日本の醤油は当時1リットル1500円くらいした。

ある日私と日本人の女友達3人で日本食レストランに入り、恥じ入りながらも〝ご飯と生卵〟だけを注文した。

何ヶ月ぶりで食べた、日本の醤油で食べる〝卵かけご飯〟。

忘れることのできない、ニュージーランドでの日本の味だ。

私のホームステイ先からすぐの大通り沿いに〝ブッシュイン〟というショッピングモールがあった。

スーパーマーケットと、衣料品店、雑貨屋などのあるモールで、同じ敷地に、私がよく通ったレストランパブがあった。

ブッシュインのスーパーマーケットの中にはベーカリーがあり、いつも小さな丸いパンが〝試食してください〟というサインとともに、バスケットに入っていた。

同じようにコーヒー豆売り場では〝試飲してください〟と、温かいコーヒーの入ったポット、砂糖とミルクが置かれていたので、私は美味しいパンとコーヒー、両方楽しむことができた。

お金が乏しくなると、

「今日はブッシュインレストランに行こう」

などと言ってはお世話になった。

ブッシュインの向かいのレストランパブは、私達が通っていた英語学校の近くにあったので、私達日本人学生の溜まり場になった。

外国人に交じってビリヤードやダーツをしたり、ポーキーと呼ばれるスロットマシーンを覚えたのもこの頃だ。

時は流れて、今でも時々バスでここを通ることがある。

ショッピングモールは随分おしゃれになった。レストランパブは、今では違う名前で呼ばれていて、こちらも随分都会風になった。

パンの試食も、コーヒーの試飲ももうない。

古いものは無くなり、新しいものが出来ていく。

日本食レストランや寿司のテイクアウトショップは、今ではどこにでもあり、どんな日本食も今では手に入る。

地震があって、時が流れて、そして私は今もここに住んでいる。

私のクライストチャーチ。

私のクライストチャーチ・4

地震から5年過ぎた秋。

クライストチャーチは復興したと言われているらしい。

そんな話は日本からの旅行客から耳にする。

大抵の人は、

〝思ったより復興していないんだね〟とか、

〝全然復興してないね〟

と、がっかりした、または驚いた顔で言う。

クライストチャーチのシンボルたるべきあの大聖堂が、朽ち果てたままで置き捨てられているのが、私が街に行かない理由だ。

街に来たって建設作業員とホームレスのほうが、観光客より多いだろう。

ホームレスは以前のクライストチャーチの街にもいたにはいたが、どことなく明るそうだった。

大聖堂広場の片隅や、銀行の横あたりでギターを弾きながらマオリの伝統的な歌を気持ち良さそうに歌っていたり、ホームレスではないかもしれないけど、アコーディオンを弾いて、道行く人から小銭を集めている男の人を見たことがある。

ニュージーランド人の友達は、

「あの人たちは好きなことをしているだけなんだから、お金なんてあげる必要がないわよ」

と言っていたっけ。

地震のあと、家の値段も家賃も高騰する中で、ホームレスの姿も侘しいものになり、何もせずにごろりと道路脇で寝ている人や、先日はショッピングモールのすぐ外で、首からダンボール紙に、

〝ホームレスです。助けてください〟

と書いたプラカードを下げている、まだ20代と思われる青年を見た。

福祉がかなり行き届いてるニュージーランドで、どうしてこの若い人がホームレスをしてるのかわからない。

ふと目が合って、お互いバツの悪い思いをしたのか、私は足早に歩き去り、彼も、彼の家財道具全てが入っているらしい大きなバッグに、薄い掛け布団を引っ掛けて、プラカードを下げたまま何処かに歩き出した。

若者のホームレスが増えているのは事実だ。

複雑な家庭環境の中で家出したとか、様々な理由で施設に入っている子供が、その環境になじめず、そこから抜け出すこともよくある。

そして彼らは、街の片隅で、ホームレスとして生きる事を選ぶのだ。

まだまだ廃ビルや無人家屋の残るクライストチャーチ。

彼らが寝泊まりするところはたくさんある。


クライストチャーチは昔からどこか怪しい部分のある街だった。

私が来た頃の大聖堂広場は、改装前で、どことなく薄暗く、夜になるとネオナチの溜まり場になるという噂が流れたり、メインストリートのすぐ裏の通りがいかがわしいことで有名だったり、どこか危うい雰囲気があった。

私はそういったクライストチャーチの街が好きだった。

どこか胡散臭いところのある、どこか影のある、このクライストチャーチがずうっと好きだった。

街にはモダンで大きなバスターミナルが新しく建てられた。

ここを中心に少しずつビルやホテルが建ち並び、やがては以前のクライストチャーチの街よりずっとおしゃれで洗練された街になっているんだろう。

もう私は、あの入り組んだ抜け道を歩くことはなく、大聖堂に上ることもない。

それはただの時代の流れかもしれない。

私の中の私だけのクライストチャーチ。

闇夜の出来事

トントン、トントン、
控えめだがはっきりとドアをノックする音が聞こえる。

誰だろう。

時計を見ると朝の5時近く。

こんな時間に人の家のドアをノックするなんて何事だろう。

私はまだ夢の途中だったので、その音を無視することにした。

ノックの音はそれ以上聞こえてこなかったが、今度は庭の水道を使っている音が聞こえる。小さな音ではなく、ジャーッと思い切り出してるような音だ。

はじめはそれも無視しようと思ったけれど、他人の家の水を使うなんてちょっと腹立たしい。

仕方なく起き上がり、道路沿いの部屋の窓のカーテンを開けた。

なんだろう、ピカピカとランプを点滅させた車が、うちの前に停まっている。

車というより大型車輌だ。

闇の中で、黄色い点滅ランプの、その光の切れぎれ越しに見える車輌の色は分からない。

ぼうっと見ていると、防水服らしきものを着た男の人が、窓を開けた私の方に寄ってきた。

ああ、これは消防隊員だ。

ということは停まっているのは消防車だ。

昨日か、おとといあたりから、うちのフェンスのすぐ前に、ソファが二つ、捨て置かれているのを見た。

こちらではよく、いらなくなった、でもまだ使える家具や食器を外に出しておくことがある。欲しい人は持って帰っていいというサインだ。

何もうちのフェンスの前に置かなくても。

しかもフェンスの一番はし、隣の家との境の、ちょうど私の家側に置いてある。

まるで私が捨てたかのよう。

2、3日中に誰も拾わなかったら、市役所に電話して引き取ってもらおうと思っていた。

そのソファに誰かが火をつけたのだ。

消防隊員のおじさんは、一応火は消し止めたが、朝になったら大家なり、保険会社に連絡するようにと告げて帰っていった。

地震から6年経った今も、クライストチャーチではまだまだ使えない空き家がたくさんある。

そんな家にホームレスが住み着いたり、ティーンエイジャー達が落書きしたり、火をつけたりするのは珍しい事ではなかったたし、燃えたのはソファとフェンスだけだったので、警察も来なかった。


朝、明るくなってから家の外に出てみる。

明け方には気づかなかった焦げた匂いがして、庭のフェンスの一部が真っ黒い炭になって残っていた。フェンスの隙間からは、昨日までソファだったものが見える。

大きくなりかけている桜の木の葉があちこち焼けている。

今年あたりは、初めて花をつけるんじゃないかと楽しみにしていたのに。

近所の人が大きな声で、

「一体誰が火をつけたんだろうねえ、あんたかい？」

「俺じゃないよ」

「ひどいねえ」

と、比較的穏やかに話してるのが聞こえる。

特に今は学校の春休み、といってもこっちでは十月なのだけど。

ヒマな不良少年少女が夜遅くまでうろついてる時期なので、たまたま置いてあったソファに火を付けたんだろう。

昼頃起きてきた娘に事の顚末を、身振り手振りして大げさめに話すと、わあ、すごいね、と言っただけだ。

なんだか放火されたことが、ほんとになんでもないような気がしてきた。
表に出て、焼けて、フレームだけになってしまったソファを並べて写真を撮った。
クライストチャーチはそんなところだ。
この2、3日は、この近所一帯の人々が、うちの放火の話を酒の肴にするんだろう。

迷える子羊

ニュージーランドは羊の国として有名だ。

なにせ人口の10倍以上の羊がいる。

私はクライストチャーチ市内に住んでいるのだけど、10分も歩けば、羊や馬や牛を見ることができる。

地方に行けば、多いところでは、数百、数千の羊を飼っていて、山や谷を含む広い広い土地に放牧されている。

牧場には当然牧羊犬がいるので、その犬が羊たちを誘導し、そして羊はたいてい固まって行動するので、ほとんど仲間からはぐれることはない。

だけど時々、へそ曲がりな羊がいて、たまに迷い羊が出る。

十数年前、6年間も放浪していたオス羊が見つかった。

その羊はシュレックと名付けられた。

羊は1年に一度その毛を刈るのだが、6年もさまよっていたシュレックは丸で雪だるまのように、もこもこの姿になっていた。

毛刈りがイヤで逃亡したとからかわれたりもしたけど、発見されてからは、全国各地のイベントにあちこち連れて行かれ、総理大臣に会ったり、流氷に乗ったりして、国民の愛すべき羊となった。

シュレックはその後6年ぶりに毛を刈られたのだが、その重さはなんと27キロに及んだという。

その羊毛はヨーロッパのさる有名ブランドに買い取られた。27キロの羊毛は、紳士ものスーツ約20着分になるという。

シュレックはその後、16年という、羊にしてはとても長い天寿を全うした。


それから数年後、またも迷い羊が発見された。

それは雪の積もった山の上で、雪とほとんど見分けのつかなかったメスの羊だった。

彼女を救助するのに、雪山なので車で行けず、ヘリコプターも出ないということで、とある勇ましいスキーヤーが、なんと肩に担いで彼女を救った。

その様子はクライストチャーチの新聞の一面に大きく掲載され、スキーヤーの男性はヒーローとさえ呼ばれた。

この羊は名前をホリエッタと付けられた。

ホリエッタはどうやら未婚で子供を産んだこともなく、発見された時はもうオールドミスというべき年齢に達していたので、妊娠出産は無理だと思われた。

ホリエッタは、やはり地方のイベントで人気者となり、6年ぶりに刈られた羊毛は、シュレックほどではなかったが、15キロもあった。

ホリエッタはやがて、ある牧場に引き取られ、そこで余生を送ることになった。

その牧場には、オスの成人羊、というのか、若い青年羊が数頭いて、その中の1頭に、とてもハンサムで、ジョニー・デップという名の羊がいた。

ホリエッタは、たまたまジョニー・デップと同じパドックで暮らすことになったのだが、2頭は出会ってすぐに恋に落ちた。

ホリエッタは、他のオス羊には見向きもしなかったという。

姉さん女房となったホリエッタは妊娠し、やがて双子を産んだ。

迷子の羊、ホリエッタとハンサムなジョニー・デップ。

このなんとも微笑ましい話は、知る人ぞ知る、ニュージーランドの恋の物語だ。

旅行者たち

私は以前、このニュージーランドで日本人観光客向けのツアーガイドをしていた。クライストチャーチから日帰りで行けるバスツアーのガイド。ホエールウォッチングで有名なカイコウラ、高原列車で行くアーサーズパス、イルカならアカロア、それからオセアニアの最高峰マウントクックなど、人が羨むほどあちこちに行かせてもらった。

もちろんガイドだから色んな事を覚えなければいけなかった。それこそ海のことから山のことまで。植物のこと、クジラの種類、人口、羊の数……。

ガイドの仕事は楽しかった。

バスのツアーの時はたいてい混載と言って、日本人、他の外国人が乗り合いになる。ドライバーさんの仕事はバスの運転はもちろん、運転しながらニュージーランドについての話、歴史や目的地の地形、自然などについて英語で話す。私はドライバーさんの話の合間にそれを通訳したり、自分なりの案内をする。質問されたことにすぐ答えられるように勉強した。

日本人の旅行者は忙しい。

なにせ1週間の休みを取るのがやっとらしい。

こんな地球の端っこまではるばるやってきて、その1週間ほどで、ここもあそこもあっちもこっちもという感じでバスに揺られ、忙しく旅行を終える。


バスの中には各国からの旅行客がいる。

私達アジア人には白人の判別がつけにくい。

どの人がアメリカ人でどの人がフランス人やドイツ人やら区別がつかない。

しかしニュージーランド人にはわかる。同じ白人同士の区別がつくのだ。

ドライバーさんたちの話によると、アメリカ人というのは、もちろん英語でなく、「米語」で話すし、まず着ているものでわかるというのだ。

アメリカ人はたいていシャツからズボンから靴から帽子まで、新品のものを着て来るらしい。そして案内している最中に質問してきたり、ジョークを飛ばしたりするのもほぼアメリカ人だという。


面白いのがドイツ人で、年配夫婦というパターンが多いのだが、口数も少なく、どことなく不機嫌に見えるらしい。

ドライバーさんがどこへ連れて行っても、どんな景色を見せてあげてもあまり喜ぶふうでもなく、この旅行を楽しんでいないような様子なのだ。

だからドライバーさんは特に気を使うのだが、一日のツアーが終わって宿泊先に送り届ける際、彼らは非常に不機嫌な顔で、

「今日はとても楽しかった。私達は大いに楽しんだ、ありがとう」

と言ってドライバーさんにチップを渡す。

彼らは本当に喜んでいるのだがやはりむっつりとして見えるのだ。


ある時、フランスの女性が1人でツアーに参加した。

まだ若そうだが、でっぷりとした大きな尻が印象的だった。

ドライバーさんに聞いたところでは、彼がホテルのロビーまで迎えに行くと、時間になっても彼女は現れない。

他のツアー参加者たちはすでにバスの中で待っている。

ドライバーさんがホテル内のレストランを覗くと、彼女は悠々と朝食をとっている。

時間だから早くバスに乗るように促すと彼女は、

「このコーヒーを飲んでしまってから行くわ」

と言う。

たっぷりと私達を待たせた彼女、バスが出発してからしばらくして、

「カメラを忘れたからホテルに戻ってほしい」

と言い出した。

しかしバスはもう目的地に向かって走り出しているから戻ることは出来ない。

フランス女性、今度は、ホテルに戻れないなら使い捨てカメラを買うからカメラ屋に寄れという。

早朝である。カメラ屋は開いてないし、日本のように24時間営業のコンビニがあるわけではない。

ドライバーさんが、カメラを買うのは目的地についてからにして欲しいと言うと、途中にガソリンスタンドがあったのに寄ってくれなかったと運転中のドライバーに詰め寄る。そしてこのツアー会社の電話番号を教えろと言う。そしてバスの中から会社に電話して文句をいう始末。


そんな彼女はどこに行っても不服だった。

その日彼女が選んだアクティビティは乗馬。しかも乗馬経験もないのに上級者コースにすると言って聞かない。

結局彼女は馬から落ちてばかりで、乗馬でなく落馬の半日だったらしい。もちろんそれは「馬と牧場主のせい」で、どこまでもわがままだった。

挙句の果てに自分の携帯電話でフランスに電話、ボーイフレンドに、いかにニュージーランドがひどいか激しい口調でぼやいている。

フランスは地球の反対側で、約12時間時差がある。つまり彼女は夜中にボーイフレンドに電話しているのだ。

ドライバーさんと私は、

「ボーイフレンドが彼女と来たくなかったわけだ」

とうなずきあった。

旅の終わり、ホテルまで送ったドライバーさんに、

「フランスに帰ったらこのことを新聞に投稿してやる」

と、捨てぜりふを残して彼女は去った。

世界各国からニュージーランドにやって来る人々はそれぞれに個性がある。その中でこのフランス女性は私にとっても忘れられない客となった。

隣人の話

私は、クライストチャーチ市の北に住んでいる。

街なかに住んでいた頃は、こんな北のはずれの寂れた田舎というイメージがあった。

確かにうちから歩いて5分もすれば、羊はいないが、牛や馬、アルパカまで飼っている牧場がある。

田舎だけれど、一応住宅街で、私の住むF通りにはいろいろ変わった人が暮らしている。

隣にウェンディという50過ぎくらいの、太った女性が以前住んでいた。

この人は、多い時で週3、4回は救急車を呼んだ。

救急車で病院に運ばれても、彼女が入院することはなく、2時間ほどするとタクシーで帰ってきていた。身体の何処かが悪いという訳でなく、恐らく精神的ななにかだったんだろう。

救急車の人は、やがて呼ばれてもウェンディを病院に運ばなくなり、更には救急車の代わりにタクシーをよこした。

どうやら独り暮らしのウェンディは、人恋しくなると救急車を呼んでいたらしい。

ウェンディは、キャンキャンと四六時中うるさく吠え立てる子犬を飼っていて、自分でもうるさく思っているんだろう、よく庭に放して鳴かせっぱなしにしていた。

一度は夜中に犬を外に出したことがあって、薄い塀を挟んでウェンディの庭から一番近い部屋に寝泊まりしているうちの同居人を激怒させた。

翌日同居人はウェンディに、

〝夜中の2時に犬を放すなんて非常識だ〟

と怒鳴ったら、ウェンディは涼しい顔で、

〝あら、夜中の2時なら誰だって寝てるでしょうに〟

と、同居人と塀越しに言い争った。

道路をはさんだ向かいには、ドナという、これも50ほどの、肝っ玉母さん風の女性と、20歳前後の3人の息子、娘が1人住んでいた。

ドナ一家はよく喧嘩する親子で、しかも外で怒鳴り合っていた。

母も息子たちと同じように口汚く罵り合っていたので、電話好きのウェンディが警察を呼んだことも度々あった。だからドナとウェンディは仲が悪く、お互い、郵便受けにネズミの死体を入れたりするほど嫌いあっているのに、なぜか時々、道路越しに和やかに世間話をしていることもあった。

ドナの息子達は誰かにすごい恨みを買っているのだろうか。

2年ほど前、彼らの家の前に出していたゴミに火をつけられた。それだけなら良かったのだけど、去年辺りには、彼らの荒れた庭の片隅に放置してあった廃車に放火された。この時は車が勢いよく燃えて、消防がやって来た。

そして数週間前のことだ。

夜に突然、
バリンバリン
と、ガラスの割れる音が聞こえた。

外に出てみると、ドナの家の前に中型のバンが停まっていて、ドナの家の窓ガラスを割っている体格のいい男の後ろ姿が見えた。

男は素早く車に戻ると、すぐに走り去っていった。

私と同居人は、目を丸くしてそれを眺めていた。

なんだかテレビ番組みたいだね。

それは怖いというより、なにか滑稽な感じだった。

その後、警察も2人来たけれど、結局誰も怪我一つしていないのでニュースにもならない。

私はこんな風に、夜には牛の鳴き声さえ聞こえてくるような田舎だけれど、けっこう刺激的な所で暮らしている。

たんぽぽと蜂と謎の手紙

こちらでは庭といえば芝生だ。

夏なら2週間、冬でも3週間に一度は芝を刈らなければいけない。天気のいい日なら必ずと言っていいほど、近所のどこかから芝刈り機のモーターの音が聞こえる。

芝生を刈るだけでなく、中に生えてくるたんぽぽなどの雑草を抜かなければきれいな芝生にはならない。

だけど至るところからにょきにょきと生えてくるたんぽぽを、ひとつひとつ抜いていくのはとても大変な作業だ。

そんな時、テレビのコマーシャルで画期的なものを見つけた。

それは大きなスティックのりのようなもので、ねばねばするその薬品をたんぽぽの葉にひと塗りするだけで、4～5日で根ごと枯れてしまうという。

さっそく買ってきてあちこちのたんぽぽの葉にそれを塗りつけた。

効果はてきめんで、1週間もすると薬品を塗ったたんぽぽが枯れていた。

気を良くした私は、新しく生え続けるたんぽぽを退治し続けた。

それから3、4日して、1通の手紙がうちの郵便受けに入っていた。

封筒にも入っておらず、誰かが直接、届けたものらしい。

〝みつばちやバンブルビーたちは
人間にとってとても大切な生き物です。
除草剤を塗ったたんぽぽの蜜を蜂たちが吸ってしまうと、
彼らに毒がまわって死んでしまいます。
どうか薬品を使わないでください〟

一体誰が、除草剤を塗る私を見ていたんだろう。

たしかに格子のフェンスだから、道行く人は、私の姿を見ることもあるだろう。

でもなぜ除草剤を塗っていることまで知っているんだろう。立ち止まってよく見ないとわからないだろうに。

少し嫌な気もしたけれど、丁寧な言葉で書かれているこの手紙の内容はもっともだ。

蜂はとても重要な存在で、世界中から蜂がいなくなれば、人間も動物も滅びてしまうと言われる。

だから私は素直に手紙の主に従い、除草剤を使うのをやめた。

専用の、大きなフォークのような雑草取りの器具を使ってひとつひとつ、たんぽぽを抜くことにした。

たんぽぽは、けなげだけど強い植物で、踏まれても生き続けるその様に惹かれる人も多い。

だから私は、罪人のような気持ちになりながら、たんぽぽを引っこ抜いていく。

きっと謎の手紙の主は私を見るだろう。

除草剤を使わなくなった私に、満足してくれていると思う。

花盗人

「痛ぁい」

と大げさな声を出して、私は同居人にてんとう虫のような血のついた中指を見せた。

家から歩いて10分ほどのところに小さなデイリーがあって、牛乳や新聞を買いによく通っている。

その行き帰りに、花を摘んで帰る。

といっても人様が丹精込めて育てたような花を盗るわけでなく、歩道脇の、忘れられたように咲いている小さな名も知らぬ花だったり、コーファイという木に咲き乱れている黄色い花のついた小枝だったり、歩道沿いに植えられている野ばらだったり。

その日はその野ばらの小さな枝を折ろうとして、トゲで指を刺したのだ。

ガラスの盃に、コーファイの枝と野ばらを一輪、飾る。

コーファイはニュージーランド独自の木で、筒型のような形をした黄色い花は、ニュージーランドの国花でもある。

キッチンのすみに花を入れた盃を置いてとても満足な気分になる。指は刺したが、キッチンは華やいでいる。

娘と店まで歩いていくこともある。倍の時間をかけて。

歌ったりはしゃいだりして歩いていくが、いつもどっちがきれいなブーケを作るか競争だ。

近くの医院の駐車場にあるもみじや、香りよいラベンダー、娘は椿が好きだ。そういった花々を、私達は盗んで歩く。

バス停の角にある家の、白いフェンスのすき間から、時折ひょいとばらの花が顔を出していることがある。

これはよその家の花だから、あいさつだけして通り過ぎる。

この花は今、この時、私達を喜ばすためだけに咲いている。

春には桜があちこちで花開く。

もっともこちらでは木の下で花見するわけでなく、普通に咲いているだけだ。

陽当たりのよい木から順々に春を告げる。

うちの庭の桜は八重桜だから他のより少し遅く咲く。

以前シクラメンの植木鉢を買って部屋においてあったのだが、しばらくたってすっかり枯れたものと思って鉢の中の土を庭に捨てたのだけど、それでもシクラメンは生き延びていて、いつの間にか庭で花を咲かせるようになった。

私と娘は花盗人だ。

おまけに誰かを騙そう、といって緑の木の葉の間にたんぽぽの花を飾ったりする。

きっとこれを見た誰かが、

「木にたんぽぽが咲いている！」

とびっくりするに違いない、なんて言いながら。

他愛のない、楽しいひとときだ。

秋、枯れ葉の季節になると、乾いた枯れ葉の上を歩く。娘と2人、飛び跳ねながら枯れ葉を踏んで歩く。わしゃわしゃと小気味よく音を立てて歩くのは楽しい。冬の日に、新しく積もった雪の上を歩くのに似ている。

クライストチャーチの冬は雪はあまり降らないが、朝、学校に行く時、霜が降りて道路沿いの芝生が白く輝いていることがある。

やっぱり私と娘はその上に新しい足跡をつけてまわる。

近所の猫が眠そうに私達を見ていたりする。

春になったら、
春が来たらまた花を盗んで歩こう。

空を渡るがちょう

「ちょっと空を見てごらん」
同居人の声にテラスに出て空を眺めた。
そこには何羽もの鳥たちが、
一直線になり
くの字になり
または放物線を描きながら飛んでいく。
ほんく、ほんくと啼きながら。

「あれはなんていう鳥？」

私が尋ねると、同居人は言った。

「オーストラリアン ギースだよ」

英語が話せると言っても鳥や植物の名前はまだまだ苦手だ。

「おーすとらりあんぎーす？」

〝女〟みたいな編成を組みながら、東へと去っていく鳥たち。

ギースというのはあのマザーグースで有名な〝グース〟の複数形だ。

そして〝グース〟といえば〝がちょう〟だ。

私は頭の中で思考をぐるぐるさせて思った。

がちょう、がちょう。


あの、アヒルを大きくしたような、少しずんぐりした、どことなくまぬけっぽい、でも、そこがまた可愛らしいようながちょう。

同居人は言う。

「やつらは毎朝、西の方からやってきて、みんなで森林公園に行くんだよ。夕方になるとまた帰るけどね」

なんて素敵なんだろう。

朝が来ると、誰が呼ぶともなく自然と隊列を作って羽ばたくがちょう。

ほんく、ほんく
あれはきっと掛け声なんだろう。

だけどそれはがちょうではなかった。

辞書で見てみるとそれは、〝がん〟または〝かり〟と呼ばれる鳥で、〝かり〟が東の空を飛んでゆくのは、日本では古風な言い回しだ。

なるほどそうだったのか。

そういえばがちょうはいかにもお尻が重そうで、あんなふうに空を飛べるわけがない。〝がちょう〟が〝かり〟に変わっただけで、ユーモラスに映っていたその光景が、不思議と〝荘厳な空を渡る雁の群れ〟といったちょっと文学的な表情を帯びる。

しかもそれが、秋の夕暮れに、大編隊を組んで大空を飛んでいくさまを見ると、しばらくうっとりと見つめてしまうのだ。

ほんく、ほんく

彼らの一日が終わる。

エドワードの恋

うちには毎年いろいろな生き物が現れる。

時にはヘッジホッグだったり、ブラックバードだったり、バンブルビーだったりする。

今年の秋はマグパイだ。


マグパイはカラスの仲間だが、全身黒いわけでなくて白い部分もあり、なんとなく見た感じは、タキシードを着たカラスといった感じだ。

となりの家とうちの家のあいだに背の高い木が数本あって、中でも一番高い木のてっぺんに、1羽のマグパイがとまってさえずるようになった。


カラスの仲間だから普段はカアカア鳴くのだが、この木のてっぺんでのさえずりは違う。

言葉では表現しにくいが、

ひょろっひー

そんな感じだ。

同居人は言う。

「あれは恋人を呼んでいるんだよ。

おーい、ハニー、どこにいるんだーい？　ってね」


はじめのうちは、なんだかロマンチックな愛の囁きに気を良くしていた私達だが、私が〝エドワード〟と名付けたこのマグパイ、朝早くから現れるようになった。

同居人は毎朝6時頃エドワードに、

ひょろっひー

と、起こされるらしい。

彼が玄関に出て、木のてっぺんのエドワードに文句をいう。

「うるさいんだよ、お前は！」

するとエドワードは突然、

げー！　ひょろっひー

と鳴いた。

同居人は怒ってしまって、

「なんだと、文句があるのか」

とさらにエドワードに向かって声を上げる。

エドワードはどこ吹く風で、相変わらず、

ひょろっひー、ひょー　ほろろろろ

といい気分で歌を歌う。

「エドワードのやつ、人間をなめてるんだ。

見ろよ、あの態度。〝文句があるならここまで来てみろ〟と言わんばかりじゃないか」

私はマグパイ、エドワードに怒っている同居人を見て笑う。

それからしばらくして、道をはさんだ反対側の電信柱の上に、別のマグパイがとまるようになった。

エドワードは恋人を見つけたのだ。

エドワードの、

ひょろっひー

に合わせて彼女も、

ひょろっひー

と返事をするようになった。

エドワード、恋人が出来てよかったね、と思ったのもつかの間、ある日エドワードの恋人はエドワードを無視していた。

エドワードが切なく彼女を呼ぶのに、恋人は黙ったまま。

なぜだろうと私が電柱の上をよくよく見ると、なんとそこには別のマグパイがエドワードの恋人に寄り添っていた。

前の恋人か、新しいボーイフレンドか。

かわいそうなエドワード。

今日も木のてっぺんでさえずる。

ひょろっひー、僕の愛する人はどこだい？

星降る夜に

初めてニュージーランドに来た時、ホームステイをしていた。

お父さんのギャリーとお母さんのパメラ、3人の娘のうち、末っ子で高校生のジュリアが一緒に暮らしていた。

私はその頃英語が全くと言っていい程喋れなかったので、お互い身振り手振りを交えながら〝語り〟合い、思いを伝えあった。

ある夜のことだ。

夕食の後、ホームステイの家族が急に出かけると言い出した。

その前にギャリーは電話で誰かと話していて、電話の後嬉々として身支度を始めた。

6月、こちらでは冬。

車で出かけるらしいが、厚いコートを着込むギャリーとパメラ。

一体何が起こったんだろう?

どこに行くんだろう?

ギャリー達の早口の会話にはまったくついていけない。

きょとんとしている私にパメラがとてもゆっくりと、

「空を見に行くのよ」

と言った。

「ＵＦＯが見えるらしいの。丘の上まで、見に行ってくるわ」

さっきの電話は知り合いの誰かからそのことを伝えるものだったらしい。

それを聞いて、その時の私は少し呆れた。

確かに何か見えたのかもしれないけれど、ＵＦＯの方もいつまでも同じところでうろうろしてはいないだろう。

それでもギャリーとパメラはいそいそと車で出かけて行った。

翌朝ＵＦＯについて聞いてみるとパメラは、ほほほ、と笑って言った。

「それが見えなかったのよ」

学校の仲間５人で星を見に行ったこともあった。

カシミアヒル、という、街の夜景も夜空もとても美しく見える丘があって、恋人同士のデートの場としても静かな人気だった。

カシミアヒルから見る星空は思わず「うわあ」と言いたくなるくらい美しい。

私は今までこんなにたくさんの星を見たことがなかった。

天の川は英語でミルキーウェイというけれど、本当にうっすら白く、星たちの川が流れるように続いている。

星も月も、日本で見るよりずっと大きく、澄んで見えた。

「あれは何だろう？」
仲間の1人が言った。
「どこ？　なに？」
彼の言ってるモノを突き止めるのにしばらく時間がかかった。
何かが動いている。
小さな小さな赤い光が、ゆっくりと移動しているのだ。
飛行機にしては上空すぎるし、ＵＦＯにしては動きが悪い。
その光は一定の速度で一定の方向に、流れるように動いていっている。
何だろう？
何だろう？
私達5人の知恵を合わせた結果、
「あれは人工衛星じゃないだろうか？」
ということになった。
今でも何だったのか分からない。
果たして人工衛星というのは肉眼で見えるものなのだろうか？
私は今も夜空を見上げるのが好きだ。
太古の人も見た星、星座そして果てしなく広がる宇宙。
星の降るような夜空の下で、私はなんだか踊りたくなってしまって、星たちのためにダンスをするのだ。
月のうさぎと一緒に。

ところ変われば

ところ変われば品変わるというけれど、国が違うとえっ、と思うような習慣や考え方の違いに圧倒されることがある。

私が初めて「外国人というのは違うな」と思ったのは、もうずいぶん前、私がこの国に来てまだ3ヶ月しか経たない頃、英語学校で仲良くなった日本人を含むアジア人同士7、8人で2台の車に便乗して、2時間ほど北東にある温泉に行った時のことだ。

ニュージーランドは温泉の多いことでも有名である。

私たちが向かったのは、予約をすれば鍋料理が食べられる、だから経営者は日本人と噂される温泉地だった。さんざん食べて飲んで、温泉にも十分つかった私たちは翌日帰路についたが、その途中、前方を走っていた友人の車が、スピードを出し過ぎてコントロールを失い、路肩に乗り上げて文字どおりひっくり返ってしまった。

私たちの乗っていた車がその場所に着くと、逆さまになった車のそばで運転していた韓国の学生が頭を抱えていた。

幸いなことに誰も怪我をせず済んだのだけど、車はその韓国人学生の父の持ち物だった。彼は父からこっぴどく怒られることに怯えて頭を抱えていたのだった。

その日の夕方近く、ホームステイ先に帰宅した私は、楽しかった温泉での話よりも、この車の事故を説明するのに一生懸命だった。

当時まだ英語を〝話せる〟には程遠かった私は、身振り手振りを交えて車がひっくり返ったことを伝えた。ホストマザーは私のつたない説明に納得してくれた様子で、「あなたはラッキーよ」と、嬉しそうに私に言った。私は一瞬聞き間違えたのかと思った。

私の友人が車の事故を起こしたのである。

ラッキーどころかアンラッキーだ。

しかしホストマザーは諭すように私に言った。

「事故に遭いながらも誰一人怪我をしたり、病院に運ばれた事もなかったなんてラッキーだ」

そう言われてみれば、対向車がいたわけでもない、誰も大怪我をしたわけでもない。スピードを出しすぎた韓国学生がその父にかなり叱られるだけだ。彼は当分車の運転を反対されるだろう。それは本人が悪いから仕方ない。

なるほど、日本でなら〝事故にあった自体が〟不運なのだけど、ここでは〝事故にあって〟なおかつ無事でいたのはたいへん幸運なのだ。

人間、何事もポジティブに考えたほうが心の負担が軽くなる。

あれはニュージーランドに住んで5年もした頃だろうか。しばらくぶりで日本に半年ほど里帰りした時のこと。日本に着いた私に、さっそく母はお風呂を沸かしてくれた。

ニュージーランドの私の居宅にもバスタブはあったけど、洋式のそれは日本のよりも長く、浅く、しかも日本の風呂場と違ってバスタブの外で体を洗う習慣がないので、ただつかるだけのバスタブである。もちろんこちらの人はバスタブの中で体や頭を洗う。

母の用意してくれた風呂につかる。

久々の、肩までたっぷりある温かいお湯。

私はゆうゆうと長風呂して体と心の疲れを綺麗さっぱり洗い流した。

風呂につかるというのは本当に気持ちがいい。日本人の大切な風習だ。

長湯のあと、居間でごろごろしていると、風呂場から母の悲鳴のような声が聞こえた。

「あんたどうしてお風呂の栓をぬいたの?!」

しまった!

海外ではバスタブの中で体や髪を洗うといった。

そしてその湯は自分が使ったあとは排水してしまう。人が洗ったお湯なんて誰も使わない。家族でも同じ湯は使わないのだ。

そして私はついうっかり栓を抜いてしまった。

母は文句を言いながらも笑っていた。

そういえばニュージーランドにやってくる直前に父が、「外国に行くからってアメリカナイズされるなよ」と言って私を笑わせたが、いつの間にかしっかりアメリカナイズならぬニュージーランド化されていたのだ。

私はニュージーランドの住まいでは靴を履かない。

大抵の白人は土足で家をうろついても平気だが、私はだめだ。だけど、郵便受けに新聞をとりに行くとか、洗濯物を干したりする時も靴を履かずに外に出る。

だから私の靴下はすぐに真っ黒になる。

黒くなっても平気でいられるのも、やはり〝ニュージーランド化〟なんだろうと思う。

ペンダントの話をしましょうか？

ニュージーランドに来てまもなくの頃からもう20年以上も持っているペンダントがある。特に大事にしてるわけでもなく、身に着けたこともほとんどない。なのにずっと、引き出しに入ったまま、何度かの引っ越しにも一緒にやってきた。

それはおそらく牛の骨で作られた、マオリ工芸独特の曲線を活かした楕円形のデザインで、釣り糸のような強い紐の先に、これも手作りらしい留め具がついている。

これには、今思い出しても苦笑いしてしまうような、懐かしい思い出がある。

その日、私は夕暮れの中を歩いていた。

まだニュージーランドに来てから1ヶ月そこそこ、英語なんてまだまだだ。

なのにその日私は英語学校で仲良くなった台湾の友達の家を探していた。

一度行っただけで、住所の正しい読み方もはっきり知りもしないで、ただ〝近くにピラミッドのような形の教会があった〟ということを覚えているだけで、無謀な私はその家を探していたのだ。

だんだん日が陰ってきて、心細くなってくる。人通りはなく、もう帰ろうかと思ったが、帰る道もわからない。

と、ふと背後から話しかけられた。

「迷ったの？」

彼はたぶんそんなふうに言ったんだと思う。

怖いもの知らずだった当時の私は、心細さからつい、友達の家を探している、とたどたどしく伝えた。

男はどうやら一緒に探してくれるようだ。

私は彼に、自分は日本から来たこと、まだこっちに来て数週間しか経ってないことなど、今から思えば信じられないほど、警戒心もなく話をしていた。

彼は一緒に探してくれるとは言ったものの、私は住所さえ覚えていない。この道だろうか、あっちだろうかとしばらく2人で、夕暮れの街をさまよった。

しばらくして私が彼にどこに住んでいるのかと聞くと、彼は、

〝実は自分も旅行者で、ニュージーランドに来てまだ間もない〟

というようなことをいった。そして、

〝ニュージーランドについてすぐ、お金もパスポートも盗まれてしまったのだ。自分は行くあてもなく、野宿をして過ごしている〟

などと言うのだ。

ああ、やっぱり外国というのはそういうことがあるのだ、この人はなんて可哀想なんだろう、と、馬鹿な私は思ってしまった。この人を助けられないものか。

結局さすがに暗くなってきたので、友達の家を探すのは諦め、私は地図を広げてなんとか自分のホームステイ先に帰ることができた。

可哀想なその男に、私はその翌日、近くのカフェで合う約束をした。私よりは少し英語のうまい日本人の友達kについて来てもらって、もしなんなら少しお金を貸してあげようと思っていたのだ。

次の日私とkとその男は3人で、しばらくたどたどしい会話を交わしたあと、なんとkまでもが、

「どうやらこの人は嘘でなくほんとに困ってるんじゃないか？」と言い出したので、私はますます気の毒に思ってしまい、しばらくお金を貸すことにしたのだ。

今でいうと1万円ぐらいだろうか？

男は言った。

「ありがとう、借りたお金は必ず返すよ。それまで、これを預かっていてほしい」

と、つけていたペンダントを外して私に差し出した。

「これは骨を加工した手作りのマオリ工芸品だよ、店で買うととても高い」

私と男は、また会う約束をして別れたが、彼は二度と現れなかった。

数日後にホームステイの家族にこの事を伝えると、

それは100％嘘で、あなたは騙されたのだよ、と言われた。

当然のことだ。今の私なら間違いなくそう思う。

でもその時は、平和なニッポン人まる出しだったのだ。
しかもｋまで信じていた。
そして、私は今もペンダントを持っている。
見るたびに思い出して、自分の能天気さに、苦笑せずにはいられないのだ。

ピンズアンドニードルス

ニュージーランドに20年以上も住んでいるのにいまだに私の英語は〝流暢〟にはほど遠い。日本語でさえ知らない漢字やことわざもたくさんあるだろう。特に学校でより、人との暮らしの中で学んだ英語は、英語と和製英語がしょっちゅう入り混じる。

庭に水を撒くときについ水道のホースを〝ホースをとってちょうだい〟と言ってしまう。当然のことながら、英語でホース《horse》は馬のことであり、水を撒くホースは〝ホース《hose》〟という。だからうっかりすると、娘に〝馬をとってちょうだい〟などといってしまう。

もう何年も前、まだCD屋さんがあった頃のこと。

何かで、とあるバンドのとある曲を聴いて大好きになり、まだシングルCDまで売ってた時代だったので、ぜひ購入することにした。

バンドの名は「ウルフマザー」。

ある時、ショッピングモールでCD屋の前を通った時、思い切って中に入り、カウンターの店員のお兄さんに聞いた。

「マザーウルフを探している」

その、いかにも今どきの若者風のお兄さんはニヤリとしていった。

「お探しのものは、マザーウルフですか？　それともウルフマザーですか？」

私の顔はたちまちに真っ赤になっただろう、どうやってその店を出たのかも覚えていない。


庭の桜は大きくなり、私は枝と枝の間にお皿をつるして、鳥たちに毎日餌をあげることにした。

すずめたちに交じって、ワックスアイ、それらより一回り大きいブラックバードまでが、ゆらゆら揺れるお皿の上に現れるようになった。

ワックスアイというのは、日本でいう〝メジロ〟で、目の周りが白く輪になった薄い緑色の小鳥だ。

「あっ、アイワックスが枝に留まってる」

娘はおもむろに笑い出す。

「ママ、アイワックスでなく、ワックスアイよ」

ワックスアイは、メジロのことだけれど、アイワックスというのは〝目やに〟のことで、間違えるとおかしな会話になる。

ピンズアンドニードルスも、私がなかなか理解できなかった言葉だ。

ピンズは、安全ピンなどのピンの複数、ニードルスは、針の複数形である。

だから、とがったものに刺されるような感じというのだけれども、ふと誰かが、

「自分の右手がピンズアンドニードルスだ」

と言ったりすると、一体それはどういうことなのか。

まあ、ちくちくするような感じなんだろうと、自分ではその言葉を使うべき時がわからないでいた。

もっともしょっちゅう使う言葉でもないのでそのまま忘れていたのだけど、最近になってまたその言葉を聞いたので、ついに辞書を引いてみることにした。

それは長く正座した後にふくらはぎから足先にびりびり来る、しびれ、という意味だった。わかってみれば何でもない、確かにピンズアンドニードルスだ。

ほかにも、グルーム（花婿）をブルーム（ほうき）と言い間違えたり、日本語の影響でオーストリアの首都をウィーン、といってみたり（英語ではヴィエナ）、間違いの多い英語を使っている。

そんな私が最近、ニュージーランドの先住民の言葉、マオリ語の基礎を習い始めることにした。

娘は私をからかって言う。

「ママ、英語の基礎を習ったほうがいいんじゃない？」

クライストチャーチ大聖堂

英語などまったく喋れなかった私が、生まれて初めてクライストチャーチにやって来て、生まれて初めて赤の他人の、しかも外国人の家でホームステイを始めた。右も左もさっぱり分からなかったのに、翌日、ホームステイのお母さんに身振り手振りでちんぷんかんぷんな説明をして街に出た。

当時バスは、日曜日は1時間か2時間に1本しかなかった。日本のバスとは違い、次の停留所の案内も何もない。降りる場所は自分で判断して、バス内部の窓沿いに繋がっているひもを引っ張ってベルを鳴らし、運転手に知らせるという、私にとっては前時代的なバスだった。

街の地図と簡単な英会話の本を片手に、クライストチャーチの街まで出かけた。今から考えるとどうしてそんな無謀なことが出来たのかわからない。

その頃はクライストチャーチ市の中心が大聖堂で、どのバスもここからそれぞれの目的地に行き、また帰ってくるという単線運行で、行きは大聖堂まで簡単だが、帰りは一体どこで降りていいのかわからない。

私の下手な英語では運転手に聞くのもためらわれる。

何か目印でも探して覚えるしかない。

クライストチャーチの中心、大聖堂広場、通称〝スクエア〟と呼ばれる。

そこに立つクライストチャーチ大聖堂。

細身の、凛とした教会だった。

緑青色の尖塔、上品にすっくと立っていた。

大聖堂は、展望台まで上ることができる階段があった。

それは石造りの、狭くて急な螺旋階段だ。

螺旋階段は、上ってくる人と下りてくる人がすれ違うのに、互いに身を縮めなければいけないほど窮屈だった。

そこを144段上っていくのだけど、運動不足の人には結構きつい。たまに、よく太った外国人がはあはあ息を切らしながら汗をかいて下りてくるのに出くわした。

上った先には四方に開けた小さな部屋がぽつんとあって、ここからクライストチャーチの街の景色を、それぞれの方角から眺めることができた。

後にツアーガイドになって街を案内するたびに、

「一生の想い出になりますから必ず上ってください」

と、くどいくらいに言った。

初めてこの大聖堂の鐘の音を聴いたのはいつだろう？　そのときは少し驚いた。

私はそれまで、教会にしろお寺にしろ、鐘というのは、

カーンカーン、
または
ゴーンゴーン、
といった、単独の音だと思っていたからだ。
それはまるで、やけになってたくさんの鐘を撞きまくっているような、
ガラーンゴローンゴーンガラーンゴーン
とでもいうような音だったのだ。
はじめは何かの警報かと思った。
一度、大聖堂に上っている途中にあった、鐘のある部屋らしい小窓から、何人もの人がいくつもの鐘を鳴らすためのロープを引っ張っているのを見たことがある。
ああ、そういうことだったのか、と妙に納得したりした。
ツアーガイドになってからは、勉強のために何度も見学に訪れた。
大聖堂の正面にある、イギリスから来たステンドグラスの〝バラ窓〟、象牙で出来た、初代司教の白い像、カウリ材をふんだんに使った船底の仕組みを思わせるような天井の梁。
入り口にある記帳用のぶ厚いノートに、何度自分の名前を記しただろう。
そして祈りを捧げた事も。
２０１１年、前年から続く何度もの地震のため、その姿を永久になくしてしまった大聖堂。

5年経った今も、なんの手入れもされず、朽ち果てた身をさらけ出している。

その姿を見るたびに
慟哭の念を禁じ得ない。
私の耳に
あの大聖堂の鐘が鳴り響く。

魅惑のカジノ

クライストチャーチにカジノができた。

「カジノ」は、聞いただけでなんだかわくわくする響きだ。テレビや映画に出てくるような、ラスベガスのような響き「カジノ」。

ジーンズやTシャツ、スポーツシューズお断り、というところまでムードを盛り立たせる。

私や学校の仲間はこぞって毎週のようにカジノに通った。

スロットマシーンはもちろん、ポーカー、ブリッジ、ブラックジャック、吹き抜けになった天井にはきらきら輝くシャンデリア、正装した紳士淑女、目を奪われるものばかりだ。

私はカードゲームはよくわからないが、一般にポーキーと呼ばれるスロットマシーンが楽しくて仕方なかった。

カジノに行くための服選びも楽しかった。

実際クライストチャーチにいておしゃれするなんてカジノかナイトクラブぐらいだ。

この国には非常に娯楽が少ない。

私がニュージーランドに来た1995年当時の娯楽といえば映画とボウリングぐらいで、なんだか昭和40～50年代の日本といった感じだった。

カジノが出来てからいろいろとトラブルが増えたのも事実だ。のめり込みすぎて車や家を売ってしまったという人もいた。

カジノと道路をはさんで向かいには質屋があり、ギャンブルで大金をすってしまった人たちのいくらかは、質屋に飛び込んで身に着けているアクセサリーなどを売り、またカジノに戻るのだ。

知り合いの中国人に、カジノのＶＩＰフロアに連れていってもらったことがある。ワインや軽食などが無料サービス、もちろん一般の人はここに入れない。ＶＩＰフロアはさすがに大金を湯水のように使う人の集まりで、1回のポーカーに彼が賭けていたのは、日本円で3万円ほどだった。

私はもちろんゲームには参加せず、サービスのワインをひたすら飲むだけ。一体どうしたらカジノのＶＩＰになれるのだろう。

何にせよ、私はポーカーにそんな大金は賭けられない。

最初の結婚をした時も、私は夫とよくカジノに行った。週末の夜の定番だった。

どちらかというと私の方が本気になってのめり込む方だった。

時折、夫の母が1人で黙々とスロットマシーンをしているのを見かけた。

彼女は１００ドルほど儲けると、必ずと言っていいほど夫と私にくれた。

英語学校のクラスメイトの日本人Kが、カジノで大金を当てた。ジャックポットというランダムな大当たりで、当時日本円で数百万円だったと思う。小さい記事だが地元の新聞にも載った。

Kと彼のガールフレンドは大喜びというよりはどちらかというといきなりの大金に戸惑っているような、それでいて笑いが隠せないという感じだった。

そもそもKは四国の製麺会社の社長の長男で、以前アメリカに留学してた事もあり、お金には不自由していなかった。

Kが大金を当てて、あわてふためいて日本の両親に電話した時、嘘かホントか彼の母は、「たったそれだけ？　あなたが使ってしまいなさい」と言ったそうだ。

Kは中古車にはもう乗らなくなった。

その後もカジノは盛況で、たまに誰かを大金持ちにし、時折誰かを破産させた。

ある時私はゲームにのめり込み過ぎて、週払いで支払われる給料のほとんどを使い果たしてしまった。

これにはさすがに二日酔いよりひどい後悔に落ち込み、カジノの魅力は少しずつ色褪せていった。

かつてカジノはとても厳しくて、ジーンズやスニーカーでは入れず、男性は襟なしシャツでは入れなかった。

私が一度、大丈夫だろうと思って白いジーンズで行った時、入り口で早速止められた。

しかしカジノでは着替えも用意してあり、私に黒いズボンを貸してくれた。だけどニュージーランド人はフォーマルな服を持ってる人が少ないのか、いつの間にかジーンズもスニーカーも、Tシャツでさえ入場できるようになった。

そうなるとなんだかカジノというより、ゲーム機のたくさんあるパブとあまり変わらないような気がして、私にとってのカジノの魅力はさらに少なくなり、もうほとんど行かなくなってしまった。

いずれにせよ、カジノで大金を当てるなんて夢の夢だ。

観光名所の一つとしておくのが、所詮は一般庶民の立場かもしれない。

珍客来たる

かねてから菜園にしようと堆肥をためていた庭の一角に、どうやら誰かが棲み着いているらしいことを同居人が私に告げた。

私は田舎に住んでいるので、庭にいろいろな生き物がやってくる。

ある夜、同居人が庭においでというので外に出てみると、夜の闇にまぎれてごそごそ動く何かがいる、ヘッジホッグだ。

夜行性の彼らは昼間は寝ているが、夜になるとこうやってのそのそ出てきて餌を探すのだ。

庭の一角に棲みついているのはヘッジホッグで、同居人によるとその大きさから、父、母とその子供が棲んでいるという。私達は庭に水を撒くときも、その、巣らしい部分を避けた。

人に聞くと、庭にヘッジホッグが棲むのは良いことらしい。なぜならヘッジホッグが作物につく虫やかたつむりなんかを食べてくれるからだ。

そしてそのヘッジホッグの巣のすぐわきでは、どうやらバンブルビーという、日本語でいうマルハナ蜂一家が居を構えているらしかった。

庭の手入れをしていてうっかり蜂一家の近くを歩いたりすると、一番大きな父蜂が怒って苦情を言うがごとく、ビービーと羽を鳴らして追いかけてくる。


うちではたいてい、庭に続く大きなガラスのスライドドアを開け放しにしている。ある午後、同居人と私の前にふいに、「にゃあお」と猫が現れた。今までニュージーランドで見たことのない、育ちの良さそうな、高価そうなシャム猫だ。彼女はなんの躊躇もなくうちに入ってきて、ごろんと横たわり、くつろいでいる。私達はこのフレンドリーな子猫の訪問をとても喜び、しばらく遊んだ。どこの猫だろう？　美しく、毛並みのよいこの猫は首輪もしていない。誰かの家で大切に育てられている箱入り猫に違いない。私達はなんとなく「キティ」と呼ぶようになった。


キティはそれからよく「にゃあお」と、うちにやって来るようになった。

ある日キティはうちの庭に興味を示してしばらく探検していた。だけどフェンスの陰で芝生が濡れていたらしかった。

たいていの猫は水が嫌いで、キティも手足が濡れるのをとても嫌がり、一歩進んでは濡れた手足を振り振り、結局手足を濡らすまいとぴょんぴょんジャンプしながら進んでいた。その仕草がとても可愛らしくて同居人と大笑いした。

キティはとてもおしゃべりで、別にお腹が空いているわけでもないのににゃおにゃお私達に話しかける。きっと遊んで欲しくてたまらないのだろう。

そうしてしばらく私達と過ごすとまた、ふいにどこかに帰っていく。

3日もキティを見ないと、私達はどこか悪い人の家に行っていじめられたりしてるんじゃないかと不安になった。

キティは夜にもよく現れた。

部屋の換気をしようとドアを開けると、待っていたかのようにいきなり部屋に入ってくるキティに何度驚かされただろう。

そしてしばらくカーペットの上で寝ころんだり、同居人や娘と遊んだり、私から夕食の残りをもらったりして、やがて、「帰るからドアを開けろ」とせがむ。

キティはうちに泊まることはなかった。
自分の家のようにひょいと現れて
そしてやがて夜の闇に消えていく。

明日もまた来ようかな
美味しいものくれるならね

珍客キティはそう言いたそうだ。

ジョニーの話

私には夫だった人が2人いる。

最初の結婚は、今から考えるとあまりにも浅はかで、無茶な結婚だった。

私は2人の未来や家族のことなどこれっぽっちも考えず、ただ、恋に落ちた延長だったように思う。

ティーンエイジャーなどの、一途だけど淡い恋のことを〝パピーラブ〟という。

パピーというのは仔犬のことで、いかにも小さな仔犬が跳ね回っているような、そんな恋、私と最初の夫とはまさしくパピーラブだった。

その最初の夫の親友はジョニーという、背は低いけれどとても陽気でいつも私やまわりの人をからかってばかりいる人だった。

からかっているのだけど、悪意は全くなく、明るくておどけ者のジョニーは誰からも好かれた。私たちは3人でよくパブに行ったり、ナイトクラブにダンスをしに行った。

私がテーブルについてお酒を飲んでいると、誰かが私の左肩をつついた。振り返ってみると誰もいない。私の右側に座っているジョニーが、さもおかしそうに私を見て笑う。

なんのことはない、小柄なジョニーがその短い腕を伸ばして私の左肩をつついていたのだ。そんなふうにいつもからかわれていたので、私は一つの言葉を覚えた。

「I know better」そんなことはお見通しよ、というほどの意味だ。

私がそう言うと、

「お見通しだって?」と彼は大笑いしていた。

ダンスをしに行っても、ジョニーは、非常にノリが良くて音感も抜群なのだが、そのひょうきんな性格ゆえか、人が思わず笑ってしまうようなしぐさで、おどけてみせる。三枚目という自分の役柄を好んでいるようだった。

ジョニーと夫は同じベトナム出身だというのにいつも英語でやり取りし、ベトナム語で話すことがなかった。夫が言うには、ジョニーは北部のハノイ出身、夫は南のサイゴン、今のホーチミンシティ出身で、ジョニーのハノイ訛りがきつくて、ジョニーとは同国語でありながらほとんどわからないという。

ベトナムは南北に細長い国で、漢字で〝越南〟と書く。ジョニーの家族も夫の家族も戦争から逃れてきた人々だ。

その様子は、平和なニッポン人の私には想像を絶する数々のドラマがあったという。

私たちは3人で釣りにもよく行った。

今まで釣り堀ぐらいでしか魚釣りをしたことがなかった私は、彼らから釣りを教わった。ただ私は自分で自分の釣りのことを「女王様の釣り」と呼んでいた。

何せ私はあのミミズ類を触ることができない。

夫に釣り針にミミズをつけてもらう、そして教わったようにキャスティングしたまではいいけど、魚が掛かっても魚の口から針を抜くことができない。

だから夫やジョニーに頼りっぱなしの釣りだった。

ある時リトルトンという港に3人で魚釣りに行った。

強い風の中、釣り針を垂れる私達の前をゆうゆうとイルカが泳いでいった。

傍らにおじいさんと孫娘らしい2人が、私達と同じように釣りをしていた。

夫が魚を釣り上げると、おじいさんは驚いたように私たちに言った。

「自分たちはもう長い間釣り針を垂らしているが、何も引っかからない」

ジョニーが、一体何をエサにしているのかと聞くとおじいさんは
「チーズだ」と言う。

チーズじゃ魚釣りは無理だよ、と私たちはカラカラと笑った。

ジョニーは魚釣りも上手だったけれど、カニ採りはもっとうまくて本格的だった。

古い自転車の車輪で器用に作ったカニ採りのワナで、海に沈めて1、2時間もするとごそそとカニが掛かっていた。

ニュージーランドのカニは食べるほどの身がなく、もっぱらスープのだしにしていた。

魚はタラやニシンが殆どで、たいていオーブンで焼いて食べた。

別の時に同じリトルトンで、私は小さなフグを釣ったことがある。

自分で釣り針を抜き取ろうとしたけれど、フグは針を飲み込んでしまっていてどうして

も取ることが出きない。それを海に返すわけにも行かないし、毒があるかもしれないから持って帰って食べるわけにもいかない。私は仕方なく、針を飲んだフグを傍らに放置していたら、ユリカモメがやって来てフグをくわえて飛んでいってしまった。

毒があるかもしれないフグを、しかも針を飲み込んだままのそれをくわえて行ったユリカモメに、私は悪いことをしてしまった思いがした。

カニ採りの名人だったジョニーはもういない。

故郷のベトナムに里帰りしたとき、つまらないことで酒場で喧嘩となり、そこで死んでしまった。何でも酒場にいた女性と親しくしゃべっている時に、その場にいた女性の夫の嫉妬を買い、殺されてしまったのだ。

その事件について、ニュージーランドの新聞にはもちろん1行も載らなかったのだけど、地元の新聞には「一輪のバラを争って死んだ」という意味の記事が掲載されたらしい。

いつもにこにこしてゆかいだったジョニー。

命がけでベトナム戦争から逃れた彼は、その故国で、平和な時に死んでしまった。

ジャネイルの話

ジャネイルと私は、とあるマザーズグループの集まりで知り合った。彼女には当時7歳ぐらいの娘がいた。

いわゆるシングルマザーであり、こちらにはありがちの巨体であった。

シングルマザーにもいろいろあるけれど、彼女の場合はどうやら子供の父親とはまったく付き合いはないらしく、彼との関係も、恋愛とよべるものではなかったらしい。両親が別れても、子供との関わりを重視するこの国の多くの親とは違っていた。

そういった事があってか、彼女には精神的にもろい面があり、そっち方面の病院に入院していた過去があった。

私はマザーズグループの少ないメンバーのうち、私のあとからメンバーに加わったジャネイルとなぜか気が合い、友達付き合いをするようになった。

ジャネイルの娘はオリビアといい、母に似てオーバーウェイトの、少し暗いイメージの女の子だった。

ジャネイルにとっては、自分の母としてのいたらなさを気にしてか、食べ物など、オリビアの要求のまま何でもいつでも与えていたので、オリビアが太っているのも不思議ではなかった。そしてオリビアはどんどんわがままになっていった。

その頃私は毎週日曜にリンウッドにある教会に通っていた。

その教会と私には不思議な縁があり、ニュージーランドで初めて結婚した当初住んでいた家の隣人が准牧師として偶然勤めていた。

しかもジャネイルの友人が以前からそこに通っており、ジャネイルも娘と共に時おり顔を出すようになった。

リンウッドという、クライストチャーチ市の東に当たるその地域は、環境の悪さでは市で1、2を争うエリアで、貧乏な人の多い下町だった。

地域の良し悪しはそこにある教会で判断できた。

リッチな地域にある教会は、信徒からの寄付も集まりやすく、建物も立派だった。

リンウッドの教会は信徒いわく「手作りの暖かさ」のある教会で、ガラスの割れた窓を板でつぎあてて、その板には、「手作り」らしい山の風景が描かれてあった。

ジャネイルにボーイフレンドが出来た。

教会に以前から通っていたジャネイルの友人が、自分のフラットメイトを紹介したところ、互いに気に入り、付き合うことになったという。

ブライアンというその男性は、ちょっとおっとりした感じの優しそうな人で、私も何度か2人をうちに誘い、数回一緒にお酒を飲んだ。


ところが何ヶ月も経たぬうちに、2人は結婚するという。

ジャネイルの娘のオリビアもブライアンになついていた。優しいブライアンは、オリビアのわがままにも叱ることなく接していた。オリビアが嫌うわけがなかった。

トントン拍子に結婚の話は進み、私はブライドメイドとして教会で新婦に付き添うという大役を仰せつかった。


こちらでは結婚式の前日に、新婦は女性の友人と、新郎は男性の友人とパーティをする習慣があり、新婦側のそれは「ヘン（めんどり）パーティ」、新郎側のは、「バチェラーパーティ」と呼ばれていた。

その「ヘンパーティ」で、私は初めてジャネイルの妹と会った。ジャネイルと妹は、ジャネイルいわく「大変仲の悪い」間柄という。

どちらかといえばおとなしく、おっとりしたジャネイルが、妹を嫌っているというのは意外であったが、妹に会って確かに頷けた。

妹は、ふだん仲の悪いジャネイルのパーティに参加するというより、パーティを〝仕切る〟ために来たと言ってよかった。

新居となるジャネイルのフラットで、私と、もう1人のブライドメイドの友人、ジャネイルの母と妹とでささやかなパーティが始まったが、妹は、「パーティではこういうゲームをする」とか「こういう飲み物を飲む」とかいちいち私たちに強制し、したくもないゲーム、例えばお互いの過去を告白しあうとか、もう1人のブライドメイドも私もかなり閉口した。


ジャネイルのフラットでのパーティのあと、私たちは街に繰り出した。そしてそれは惨憺たる結果に終わってしまった。

もう1人のブライドメイドは人妻であったが、街のパブで飲んでいるうちにどこかの男性に誘われていつの間にか消えてしまうし、ジャネイルは妹と大いにケンカして妹をひっぱたき、妹は怒って帰ってしまった。

だけど、いちいち指図してくる妹に、私もいい気持ちはしていなかった。

リンウッドの教会での結婚式当日、妹は自分の夫君と子供たちを連れてやって来たが、式が始まる前に家族とオリビアを連れて帰ってしまった。

精神病院に入っていた過去のあるジャネイルは、オリビアの親権を認められておらず、親権自体は社交的で出しゃばりの妹に移っていた。

巨体を美しいウェディングドレスに包んだジャネイルは、式の間、その窮屈さに耐えられず、椅子に座ったまま。ブライアンは牧師夫妻の前で居心地悪そうに1人突っ立ったまま、式は執り行われた。

式のあと、ハグレー公園を散策。写真撮影など、一緒に行った私の二度目の夫も大いに張り切って、写真やビデオを撮っていた。

夜は夜でレストランを借りきって披露パーティが行われたが、もちろんそこにはジャネイルの妹も、オリビアの姿も無かった。だけどパーティ自体はブライアンの兄弟や両親、友達も揃って楽しいものなった。

その後数ヶ月の間に、ブライアンとジャネイルは何度か争いあった。

オリビアにとことん甘いジャネイルを、ブライアンは良しと思っておらず、ジャネイルはそれをブライアンの嫉妬だと言った。

私と違ってあんなにおとなしいジャネイルとブライアンが、そんな大げんかをするなんて、私には想像もつかなかったが、一度はジャネイルが何かの薬を大量に飲んで病院に運ばれた事もあったらしい。

2人はそれでもなんとか新婚生活を送っていた。でもそれは長くは続かなかった。

クリスマスも近いある夜、ジャネイルが突然オリビアを連れてうちに来た。

当時うちには2人の女の子がフラットメイトとして住んでおり、その夜は最近仲良くなった近くに住む男の子2人も来て一緒に酒盛りをしていた。

突然深刻な様子でやって来たジャネイルは、「ブライアンとは別れた」という。あの結婚式から1年も経っていなかった。

ジャネイルは一晩泊めてほしいという。

私はすでにお酒が入っていたこともあり、深くは聞かずに、彼女たちをうちに泊めることにした。

夜が更けてきた頃、ジャネイルと一緒に車でお酒を買いに行ったが、ジャネイルは始終落ち着きがなく、私はそれを、ブライアンと別れたせいだと思い込んでいた。

早朝、ジャネイルとオリビアは消えていた。

泊めてほしいと言ってやってきたジャネイルは、何も告げず、ただオリビアと何処かへ行ってしまっていた。おそらくブライアンのところに帰ったのだろう。私はそう思った。

同じ日、新聞を買ってきた私は息が詰まるほど驚いた。

その新聞の第1面にはジャネイルが、ウェディングドレスを着たジャネイルの写真が堂々と掲載されていた。

行方不明ということだったが、オリビアの親権を持たないジャネイルはあの妹によって、オリビアを〝誘拐〟した犯人とされていた。

彼女は逃げていたのだ。

昨夜うちにいたジャネイルは、今朝、誘拐犯として新聞に載ってやって来た。ウェディングドレスを着て。

その後、私はジャネイルと会っていない。どこにいるのかも、知るすべもない。

あの頃のニューブライトン

久しぶりにニューブライトンビーチに行った。

ニューブライトンビーチには桟橋があって、海に向かって長く伸びたその桟橋は、釣り人や、散歩するロマンチックな恋人たちを楽しませている。

数年前に完成したその橋のたもとに、おしゃれで快適な図書館も建てられた。

私がニュージーランドに来た頃は、桟橋も、もちろん図書館もまだなかった。浜辺の小さな町で、裸足で歩く人も多かった。


ここには最初の夫とたびたび来ることがあった。

海を見に来るには新婚だった私達にはよくあったし、この小さな町には他のフィッシュアンドチップス店のメニューにはあまりない、マッシュルームの丸揚げをおいている店があって、それは私の大好物だった。


桟橋がにょっきりとニューブライトンビーチに姿を現した頃、その桟橋に上るための階段が未完成のまま工事はしばらくストップした。

人々は桟橋の入り口まで簡易階段を使っていたので問題はなかったけれど、噂では市の予算がなくなって工事はしばらく休止だという。

寄付金を募集する看板が簡易階段のたもとに大きく掲げてあった。

それにしてもその桟橋自体は昼はもちろん、等間隔に並んだ背の高い外灯のともる夜も素敵だった。

私達が毎週末のように桟橋に行くようになったのはロマンチックな散歩ではなく、釣りが目的だった。

夫の友人のジョニーはカニ採りの名人で、廃材で器用に仕掛けを作って根気よくカニがかかるのを待った。ニュージーランドで採れるカニはもっぱらワタリガニに似たカニで、食べるほど身はなく、煮込んでスープをとったりして食す。

魚といえばタラが釣れればいい方で、私はよく、ドッグフィッシュというあだ名の赤ちゃんザメを釣った。食べられる魚ではないけれど。

その赤ちゃんザメはせいぜい15cmか20cmほどの大きさなのだけれど、映画やテレビに出てくるあの恐ろしげな姿がそのまま小さくなっただけで、形的には立派なサメだった。

少しばかり健気に見えた。

夫と私は新品の釣り竿で釣りに挑んだ。

私はニュージーランドで釣りを学んだと言っていい。

時々すぐ向こうにイルカの群れが泳ぐのが見えた。


ニューブライトンビーチにある日トドがやって来た。

そのトドは毎年のように気が向くとビーチに現れ〝エリザベス〟と命名されていた。

エリザベスはその大きな体でのっしりのっしりとビーチを散策していて、人がかなり近くまで寄っていくことができた。

エリザベスはニューブライトンビーチの看板娘ならぬ看板トドとなって、しばらくのあいだ人々を楽しませていた。


ニューブライトンの町には、一時は英語学校もあって日本人が多く通っていた。そのために、日本食レストラン、というよりは日本の食堂と言った感じの店もあって、メニューに「たこ焼き」があるのが評判になった。


だけどいつの間にか英語学校も消え、食堂もなくなった。

私はその後、夫と別れた。

そしてジョニーはもういない。

好きだった魚釣りも夫と別れてからしていない。

ニューブライトンの小さな町は当時と比べると様変わりした。栈橋に上る階段も綺麗に完成しているし、図書館も建ち、そのすぐそばに新しく大きなスーパーマーケットもできた。

年に一度の「ガイ・フォークスデイ」の夜には、ニューブライトンの栈橋で花火大会が行われ、おどろく程多くの人でごった返す。

あの頃のニューブライトンを想い返すと、釣りをした栈橋も、そぞろ歩いた浜辺も、夫とジョニーの笑顔も、きらきら光る海と青い空に溶けこんで、まるで絵はがきみたいによみがえる。

今度また、天気のいい日にニューブライトンに行ってみよう。

娘と手をつないで。

あいたいあいつ

日本食レストランで働いていた時に、ワーキングホリデーで来ていた彼女と知り合った。

彼女は可愛くて、一見小悪魔的印象だったけれど、中身は純情で内気な女の子だった。

彼女はクライストチャーチをこよなく愛した。

私と彼女はすぐに仲良くなって、ときどき一緒に遊んだり、パブに行ったりするようになった。

私達が働いていたレストランは、悪名高きマンチェスター通りにあった。

この通りは、毎夜、辻ごとに女が立っているので地元の人間なら誰でも知っている。

初めて彼女と待ち合わせしたのは、レストランの定休日の日曜、夕方だった。

分かりやすいように、店の前で待ちあわせた。

私が先に着いて、ぼんやりと立っていると、車が1台、目の前に止まった。

そして中に乗った男が私に向かって手招きしている。

その男は、私が客を待っているのだと誤解したらしい。

次からは待ちあわせは、大聖堂の正面に立っている、ジョン・ロバート・ゴッドリーという、初期の移住者の銅像の前ですることに決めた。

なにかというと、

「じゃあ、ジョンの前で〇時に」

なんて言い合うようになった。

彼女だけでなく、その頃は他の女の子達も一緒に、ビリヤードをしに行ったり、食べ物の持ち寄りパーティをしたり。

彼女は家庭的な女性で、美味しいかぼちゃの煮付けを作ったのを覚えている。

身の回りのものや小さな置物など、緑色のものを集めるのが趣味だった。だからというわけではないけれど、やたらとブロッコリーが好きだった。

私は永住者だけれど、彼女のビザは1年経ったら日本に帰らなくてはいけない。

それでも彼女は、その後も毎年クライストチャーチにやって来た。ただ、この街が好きだという理由で。

彼女はクライストチャーチの街の陽射しの中を歩き、この街の風を感じる為に、毎年来たのだ。

それからずいぶん経った。

私には子供が生まれ、地震があって、街は姿を変えてしまった。

彼女の連絡先も分からなくなり、私も数回引っ越したので、彼女ももう、私の居場所を知らない。

だけど今も、彼女のことを想う時がある

何もかも変わってしまったクライストチャーチの街を、
朽ちて捨て置かれた大聖堂を、
あいつが見たら泣くだろう。
あいつはきっとまたクライストチャーチに来るだろう。
ショッピングモールの人波の中で、
街に向かう市バスの中で、
私はときどき、あいつを探している。

メルボルンのトニ

それは日本からクライストチャーチに戻る途中、メルボルンでのトランジットの時間のこと。

8時間ほどあるからシティセンターに行って楽しめるほどの時間は十分あった。

だけど娘と私はあまりの往復電車賃の高さと、もともとオーストラリアにはあまり興味もないので、近場をうろうろしてみようということになった。

近場といってもさすがに右も左もわからない。

空港の案内のお姉さんに一番近いショッピングモールと、行き方を尋ねた。

「それなら＊＊モールというのがあります。タクシーで20分ほどですね」

「歩いて行ったらどれくらいでしょう？」

「さあ、1時間以上は……」

案内嬢に聞いたタクシー乗り場に行く。

ニュージーランドではタクシー乗り場という言葉を「タクシースタンド」という。

それがここ、オーストラリアでは「タクシーレイク」と表示されている。

さすがオーストラリア人、考え方が大陸的だ。

娘と私はとりあえずタクシーに乗り、教えてもらったショッピングモールに着いた。

中には華やいだ色とりどりの店が並んでおり、ニュージーランドにも系列を持つ雑貨屋やスーパーマーケットを見て回り、ニュージーランドにはない果物や、野菜を見たり、ニュージーランドとの値段の比較をしたりして楽しんだ。

まだ時間はあったけれど、空港までどこでタクシーを拾ったらいいのか確認しようと思ってモールの外に出てみた。

来たときは気づかなかったけれど、そこはかなり田舎で、幹線道路があちこち続くだけの寂しい場所に、モールはあった。人さえほとんど歩いていない。

仕方なくモールの壁にもたれて煙草を吸っている、口ひげを生やしてサングラスをかけた男の人に声をかけてみた。

「あの、メルボルン空港に行くにはどこでタクシーを拾ったらいいですか？」

すると男は思っていたより優しい口調で、

「ああ、空港ならあっちの方角だよ、タクシーレイクはあっちだ」

と指さしたタクシーレイクには1台の車もない。

ちょっと不安になって、タクシーはどこで拾えるか、それと手短に、「私たちは日本に一時帰国していたが、ニュージーランドに帰るので＊＊時までに空港に戻らなければいけない」などと告げると彼は驚いたように、

「日本かい？　日本は素晴らしいところだ、行ったことはないが、テレビで見ると実にいいところだ」

と、ほめたたえた。

私もつい、心を許してしまって、

「あなたはメルボルンの人なの？」

と聞くと、

「ああ、俺はメルボルン生まれ、メルボルン育ちさ、だけど俺の両親はシシリー出身のイタリア人だ。だから俺はイタリア人なのさ」

イタリアと聞いて心が弾んだ。

娘は少し前からイタリア語を勉強している。

私は振り返って少し離れたところで退屈そうにしている娘を呼んだ。

「このおじさんイタリア人なんですって。あなた何かしゃべってみたら？」

などと娘に促す。

恥ずかしそうにやってきた娘は、何とか知っている限りのイタリア語で会話を試みている。

彼は堰を切ったように話し出す。

「いいかい、お嬢さん、イタリア語なんて簡単さ、聞いたままを書けばいい。英語なんてややこしい発音だ。例えば俺の名前はトニ、という、そのままＴＯＮＩだ。なのに英語ではＴＯＮＮＹと書くのさ、いいかげんなもんさ」

ＴＯＮＩは続ける。

「フィジカルという言葉だってそうだ、ふぃ、なんだからＦで始まるにきまってる。ＰＨＹなんていったいどうやって読むんだい？」

ＴＯＮＩは少なくともここオーストラリアでは満足していないようだ、シシリーの血が騒ぐのだろうか。

ＴＯＮＩは娘に将来の夢を聞いた。

彼女は医大に進んで、検死医を希望している、遺体を解剖するあれだ。

ＴＯＮＩは、すこしかんがえて、

「うん、それはすごい選択だ、しかしね、検死医というのは一番幸せな医者かもしれないね。何せ絶対患者を死なせてしまうことがないからね」

とにかくＴＯＮＩは饒舌で、でも一言一言、なるほど、と思うことばかりだ。

私はそろそろ空港に戻らなければいけないと思いつつも、そのシシリーのＴＯＮＩの話に引きずり込まれていた。

何かの拍子に私が彼に、うちの娘は少なくとも18になるまではボーフレンドは禁止なの、と冗談めかして言うと、ＴＯＮＩはその黒いサングラスを外した。

いかにもイタリアンな顔だ。

彼は娘に言った。

「いいかいお嬢さん、お母さんの言う何歳、というのはただのナンバーだ、ここにはあまり意味がない。お母さんのホントの気持ちはね、君に傷ついてほしくないということなんだ。

ボーイフレンドができる、確かにそれは楽しいだろう、でもいつも楽しいわけじゃない。はじめは好きでも、いつか嫌いになってしまうかもしれない、君を傷つけるかもしれない、利用するかもしれない。

いいかい、母親の愛とは無償だ。どんなことがあっても君を愛し続ける、それが母親の愛さ」

私はまさか、たまたま寄ったメルボルンの、片田舎のショッピングモールで、こんな哲学を学ぶとは思ってもいなかった。

旅の初めには大喧嘩をした娘と私。

娘はシシリーのＴＯＮＩの言うことに、納得したようなしないような風だった。

ああ、こんなふうに、
いい人というのはあちこちにいて、たった一度の出会いで忘れられない想い出を作ってくれることもあるのだ。

メルボルンのＴＯＮＩ。

シシリアの男。

著者プロフィール
大田 うたひ（おおた うたひ）
ニュージーランド、クライストチャーチ在住

私のクライストチャーチ

2024年11月15日　初版第１刷発行

著　者　大田 うたひ
発行者　瓜谷 綱延
発行所　株式会社文芸社
〒160-0022　東京都新宿区新宿1－10－1
電話　03-5369-3060（代表）
03-5369-2299（販売）

印　刷　株式会社文芸社
製本所　株式会社MOTOMURA

ISBN978-4-286-25641-2